L'AFFAIRE DREYFUS

LE MOT
DE L'ÉNIGME

LETTRE AU PROCUREUR GÉNÉRAL

PRÈS LA COUR DE CASSATION

PAR

PASCHAL GROUSSET

PARIS
P.-V. STOCK, ÉDITEUR
ancienne librairie TRESSE & STOCK
8, 10, 11, GALERIE DU THÉATRE-FRANÇAIS
PALAIS-ROYAL

1899

Droits de reproduction et de traduction, réservés pour tous les pays,
y compris la Suède et la Norvège.

P.-V. STOCK, Libraire-Éditeur

8, 9, 10 ET 11, GALERIE DU THÉÂTRE-FRANÇAIS. PARIS.

PUBLICATIONS SUR L'AFFAIRE DREYFUS

La Revision du procès Dreyfus à la Cour de cassation. — Compte rendu sténographique *in extenso*. Un volume in-8. 2 »

L'AFFAIRE DREYFUS. — **Le Procès Zola** devant la Cour d'assises de la Seine et la Cour de cassation (7 février-23 février ; 31 mars-2 avril 1898). Compte rendu sténographique *in extenso* et documents annexes. Deux volumes in-8 de 55 pages. Prix . . . . 7 »

GEORGES CLEMENCEAU. — **L'Iniquité.** Un fort volume in-18. Prix 3 50

— **Vers la Réparation.** Un fort vol. in-18. Prix 3 5

E. DE HAIME. — **Les Faits acquis à l'histoire.** Lettre de M. Gabriel Monod, *de l'Institut* ; introduction de M. Yves Guyot, *ancien ministre*. Avec des lettres et déclarations de MM. Bréal, Duclaux, A. France, Giry, Grimaux, Havet, Meyer, Molinier, Scheurer-Kestner, Trarieux, Ranc, Guyot, E. Zola, Jaurès, Clemenceau, Reinach, Bernard Lazare, Réville, Séailles, Psichari, etc. Un fort volume de 400 pages 3 50

H.-G. IBELS. — **Allons-y !** — Histoire contemporaine racontée et dessinée par H. G. IBELS. Un volume petit in-8 colombier orné de 45 dessins sous couverture illustrée en couleurs . . . . 2 »

UNUS. — « **Le Syndicat de trahison** ». Petits portraits. Une brochure in-18 . . . . 1 »

FRANCIS DE PRESSENSÉ. — **Un héros !** — Le lieutenant-colonel Picquart. Notice biographique ornée d'un portrait. Un volume in-18 . . . . 3 50

PHILIPPE DUBOIS. — **Les machinations contre le colonel Picquart.** Une brochure in-18 . . . . 1 »

PAUL BRULAT. — **Violence et raison.** Préface de G. CLEMENCEAU. Un volume in-18 . . . . 3 50

UN OFFICIER D'ARTILLERIE. — **Le bordereau est-il d'un artilleur ?** LES ERREURS DU GÉNÉRAL DE PELLIEUX. Une brochure in-18 avec gravures . . . . 1 »

JEAN JAURÈS. — **Les Preuves.** Un volume in-18 (Par poste, 1 fr. 75) 1 50

L'ARCHIVISTE. — **Drumont et Dreyfus.** Études sur la *Libre Parole* de 1894 à 1895. Une brochure in-18 . . . . 0 25

E. VILLANE. — **L'opinion publique et l'Affaire Dreyfus.** Une brochure in-18 . . . . 0 50

JOSEPH REINACH (JUNIUS). Affaire Dreyfus. **Les Faussaires.** Une brochure in-18 . . . . 1 »

— **Vers la Justice par la Vérité.** Un volume in-18 . . . 3 50

TRARIEUX. — **Lettre à M. Godefroy Cavaignac, ministre de la guerre. À propos de l'affaire Dreyfus.** Une brochure in-18 . . . . 0 50

L. GUÉTANT. — **Dites-nous vos raisons.** Lettre à M. Mirman à propos de l'affaire Dreyfus. Une brochure in-18 . . . . 0 50

LE CAPITAINE **ALFRED DREYFUS. Lettres d'un innocent.** Un volume in-18 . . . . 1 »

HENRY LEYRET. — **Lettres d'un coupable.** Un volume in-18 avec un portrait du commandant Walsin-Esterhazy. 2 »

H. VILLEMAR. — **Dreyfus intime.** Un petit volume in-18. 1 »

LE MOT DE L'ÉNIGME

DU MÊME AUTEUR

L'AFFAIRE DREYFUS
ET SES RESSORTS SECRETS
PRÉCIS DOCUMENTAIRE

DEUX VOLUMES GRAND IN-8° ILLUSTRÉS
100 gravures.

Chaque volume : 1 franc. — Franco par la poste : 1 fr. 30.

P.-V. STOCK, Éditeur.

L'OUVRAGE EST COMPLET EN DEUX VOLUMES

L'AFFAIRE DREYFUS

LE MOT
DE L'ÉNIGME

LETTRE AU PROCUREUR GÉNÉRAL
PRÈS LA COUR DE CASSATION

PAR

PASCHAL GROUSSET

PARIS
P.-V. STOCK, ÉDITEUR
(Ancienne Librairie TRESSE & STOCK)
8, 9, 10, 11, GALERIE DU THÉATRE-FRANÇAIS
PALAIS-ROYAL

1899
Tous droits réservés.

LE MOT DE L'ÉNIGME

*A monsieur le Procureur général
près la Cour de Cassation.*

Paris le 4 janvier 1899.

Monsieur le Procureur général, le dossier officiel de l'affaire Dreyfus est enfin communiqué à la Cour suprême, après des résistances qui seraient outrageantes pour sa justice, si elles n'étaient avant tout frauduleuses et destinées à donner le change à l'opinion sur les dangers chimériques allégués depuis quatre ans pour couvrir le pire des crimes.

Une pièce essentielle manque à ce dossier, — la fausse lettre de l'empereur allemand. Pour l'honneur de la Nation devant le monde civilisé, il faut que cette pièce apocryphe soit produite, ou que la police militaire en fournisse le procès-verbal régulier d'entrée et de sortie. Car le monde civilisé en sait l'existence éphémère. Affecter de l'ignorer serait ajouter une honte de plus à tant d'ignominies, infirmer d'avance un arrêt qui doit être définitif. Le moment est donc venu, pour quiconque détient à cet égard une parcelle de vérité, de la faire connaître publiquement.

Personnellement convaincu dès la première heure qu'il y avait dans la mystérieuse condamnation du capitaine Dreyfus *présomption d'erreur ou d'injustice*, — j'ai poursuivi depuis lors une enquête assidue, en France et à l'étranger. Comme citoyen et comme député, j'ai le devoir d'apporter au parquet de la Cour les résultats de cette enquête. Je viens remplir ce devoir.

Les faits que je vais énumérer sont connus d'un certain nombre de personnages européens, parmi lesquels il suffira de nommer : le tsar, la reine d'Angleterre, l'empereur d'Autriche, le roi d'Italie, et leurs conseillers immédiats ; le pape Léon XIII, le roi des Belges, plusieurs membres du corps diplomatique, français et étrangers, l'ex-impératrice Eugénie, la duchesse d'Orléans. C'est pourquoi les membres des anciennes familles régnantes et leurs représentants attitrés se sont abstenus de participer à la souscription récente qui a été comme la revue générale des forces de réaction.

Avant de résumer les circonstances qui me sont venues de deux sources distinctes, également sûres, également amies de la France, j'ai voulu les contrôler dans la mesure de ce qui m'était possible. C'est pourquoi je parlerai en premier lieu des confirmations que j'ai pu en obtenir à Paris même.

Tout d'abord, je citerai le témoignage notoire de M. Louis de Turenne, corroboré par un député de la droite, qui a reçu, lui aussi, de M. de Munster, ambassadeur d'Allemagne, l'assurance suivante :

— *Je vous donne ma parole d'honneur, comme je l'ai donnée à M. Casimir-Perier, que ni moi, ni personne à l'ambassade ou au gouvernement allemand, n'avons jamais connu l'existence du capitaine Dreyfus avant son arrestation.*

Je rappellerai ensuite l'affirmation non moins notoire de M. Henri Rochefort, ancien membre du gouvernement de la Défense nationale, parlant les 13 et 17 décembre 1897, au nom de M. de Boisdeffre, de la prétendue lettre de Guillaume II. De même, à la veille du 31 octobre 1870, il avait, le premier, connu par le général Trochu, et révélé à Gustave Flourens, la trahison de Bazaine.

Puis, sont venus deux témoignages plus récents et non moins significatifs : la double intervention de M. Charles Dupuy, à la Chambre des députés, séance du 12 décembre 1898, dans le débat sur les menées antinationales de certains fonctionnaires du ministère de la guerre, et celle de M. Poincaré, son ancien collègue au cabinet de 1894-95.

La nuit historique.

Le 28 novembre dernier, M. Poincaré « libérait sa conscience » à la tribune en parlant des *abus intolérables* qui s'étaient commis en 1894 dans les bureaux de la guerre. Le lendemain, il complétait, dans la salle Casimir-Perier, ses déclarations publiques, en contant comment il avait, lui ministre, appris par les journaux l'arrestation du capitaine Dreyfus. C'était au milieu d'un groupe de trente à quarante députés de toutes les opinions, à deux pas du haut-relief de Dalou, une sorte de petite séance après la grande. J'en étais, et j'écoutais avec un vif intérêt les détails fournis par M. Poincaré. Quand il s'arrêta, je lui dis :

— Mon collègue, voulez-vous me permettre une question ?

— Volontiers.

— N'y répondez point si elle vous gêne en quelque façon, car je ne voudrais pas vous surprendre... N'est-il pas à votre connaissance qu'il y eut, dans les derniers jours du cabinet Dupuy (1894-1895), un très gros incident diplomatique ?

M. Poincaré n'hésita qu'une fraction de seconde, prit son parti et loyalement :

— C'est vrai ! dit-il. Il y eut alors une heure d'anxiété, ou pour mieux dire une nuit, — *ma nuit historique à moi*, — que je passai avec M. Charles Dupuy à attendre une dépêche, puis à essayer de la déchiffrer, *comptant les groupes* (de signes), *cherchant à démêler ce qu'ils apportaient*, car nous n'avions pas la clef...

Je n'insistai pas. C'était la confirmation formelle du fait matériel, que M. Charles Dupuy devait de son côté admettre quelques jours plus tard.

A noter, qu'en décembre 1895, M. Hanotaux était absent de Paris et se trouvait dans le Midi, chez M. Paul Bourget. Ce qui explique comment MM. Charles Dupuy et Poincaré avaient la charge des affaires étrangères dans la « nuit historique ».

Donc, le gros incident diplomatique de 1894-1895 n'était pas un mythe. Il est désormais admis, consacré par les déclarations publiques de deux membres du gouvernement d'alors.

Cet incident s'ouvrit en décembre 1894 par des conversations relatives à une pièce ou à des pièces soustraites à l'ambassade allemande et qu'on ne désignait pas autrement, tout en niant de part et d'autre leur authenticité et leur réalité. Les ministres français croyaient parler du bordereau, l'ambassadeur allemand parlait de tout autre chose, car l'existence même du bordereau ne fut connue de lui qu'en 1896. Toujours est-il que la nuit historique eut pour contrepartie le 9 janvier 1895, quatre jours après la parade de dégradation du capitaine Dreyfus, une démarche

1.

personnelle de M. de Munster, ambassadeur d'Allemagne, auprès du président de la République et que, dans les trois jours qui suivirent, on vit tour à tour :

1° M. Barthou abandonner le radeau ministériel à propos des garanties d'intérêt aux compagnies d'Orléans et du Midi (13 janvier);

2° Les autres membres du cabinet tomber le lendemain sur la même affaire, à peu près comme les athlètes de foire qui se laissent choir au moment opportun (14 janvier);

3° M. Casimir-Perier se démettre des fonctions de président de la République, à la stupéfaction de l'univers (15 janvier).

Tels furent les contre-coups successifs de la démarche du 9 janvier. Quelle en était la cause? Je réponds : l'existence au dossier de l'affaire Dreyfus d'une lettre apocryphe de l'empereur allemand, soi-disant adressée par lui à son ambassadeur et où le capitaine Dreyfus était nommé comme son agent secret. Fausse lettre *aussitôt connue par M. de Munster*, et au sujet de laquelle il s'était personnellement expliqué à mots couverts, dans les premiers jours de décembre, avec M. Casimir-Perier. D'un commun accord, il avait été convenu que la pièce apocryphe serait supprimée, qu'elle n'existait pas, qu'il n'en serait pas fait compte au procès du capitaine Dreyfus, si ce procès suivait son cours.

Or, cette pièce apocryphe et reconnue telle avait été néanmoins apportée sous pli scellé, le 22 décembre 1894, dans la chambre des délibérations du premier conseil de guerre, et mise à la disposition du colonel Maurel. Celui-ci ne l'avait pas, il est vrai, montrée aux membres du tribunal militaire, mais il la leur avait décrite, en ajoutant que le pli scellé « contenait la guerre », qu'il s'offrait à l'ouvrir devant ses collègues si leur conviction n'était pas faite. Sur quoi, le conseil, à l'unanimité, avait décliné la communication et condamné le capitaine Dreyfus.

Et le 9 janvier 1895, huit jours après la revision définitive, quatre jours après la dégradation, *le fait était connu de M. de Munster*, qui venait s'en plaindre à l'Élysée, comme d'une violation positive de la parole donnée.

La démission de M. Casimir-Périer.

L'émotion de M. Casimir-Perier se comprend de reste. D'une part, il était sorti de ses attributions constitutionnelles en prenant un engagement personnel au sujet d'un document judiciaire, dénoncé comme faux par l'ambassadeur allemand, au nom de son maître. D'autre part, l'engagement avait été violé par les bureaux de la guerre. Enfin, la puissance indressée connaissait aussitôt le fait de la violation de promesse, comme elle avait connu aussitôt l'existence du document apocryphe...

M. Casimir-Perier, déjà profondément ulcéré par de graves mécomptes, se voyait subitement entouré de trahisons et de pièges. Il se trouvait aux prises avec une énigme aussi menaçante pour la patrie que pour son propre honneur. Était-ce le président de la République, était-ce le pays, ou les deux ensemble, que trahissaient des soldats félons, portés aux grades dirigeants parceux-là mêmes qui avaient mis M. Casimir-Périer à l'Elysée et qui ne lui cachaient guère dans quel but?... Il ne savait plus. Mais la décomposition morale que révélait la félonie, en montrant l'espionnage au cœur de la défense nationale, — de quels désastres sans nom était-elle donc l'avant-courrière?... Vainement, au cours d'une enquête rapide et fiévreuse, le ministre Mercier plaida la désobéissance de ses subordonnés, les excès d'un zèle qu'il n'avait pu contenir... C'en était trop! La mesure était comble et la coupe d'amertume débordait...

Le 15 janvier, à la première heure, M. Casimir-Perier annonçait sa démission au président du conseil, lui-même démissionnaire de la veille. Le soir, il la rendait publique; et le lendemain il la faisait officiellement déposer sur le bureau des deux Chambres, par une lettre bien connue.

Ce message ne donnait pas les motifs réels de la

démission. Et pourtant, à le relire aujourd'hui, quelles indications on y trouve !

« Je ne me résigne pas, disait le président démissionnaire, à comparer le poids des *responsabilités morales* qui pèsent sur moi et l'impuissance à laquelle je suis condamné. Peut-être me comprendra-t-on, si j'affirme que les fictions constitutionnelles ne peuvent *faire taire les exigences de la conscience politique*. Peut-être, en me démettant de mes fonctions, aurai-je tracé *leur devoir* à ceux qui ont souci de la *dignité du pouvoir* et du *bon renom de la France dans le monde*... Je demeure convaincu que les réformes ne se feront qu'avec le concours actif d'un gouvernement résolu à assurer le *respect des lois* et à *se faire obéir de ses subordonnés*... »

Le lendemain, toute l'Europe discutait les motifs de cette retraite inopinée, sans les démêler. Seul, l'organe féodal allemand, la *Germania*, disait : « Aucune de ces raisons n'est la bonne, et le véritable motif doit être autrement impérieux. »

Au demeurant, quel était le mot de l'énigme, et pourquoi la fausse lettre de l'empereur allemand était-elle entrée au dossier de l'affaire Dreyfus, pourquoi en est-elle sortie ? Le voici :

Le bordereau judiciaire
est une copie frauduleuse faite après l'arrivée
de l'original au ministère de la guerre.

La pièce initiale de l'affaire était le bordereau soustrait à l'ambassade d'Allemagne. Ce bordereau autographe du commandant Esterhazy fut aussitôt reconnu pour tel par un officier *au moins* du Deuxième Bureau, qui connaissait l'écriture de l'auteur et connivait à ses relations criminelles avec l'ambassade allemande. L'un et l'autre avaient à l'État-Major général un complice plus élevé en grade, car ils ne pouvaient avoir accès direct à des pièces de première importance, livrées par eux de 1893 à 1896.

Le bordereau allait ruiner leur œuvre de trahison au ministère de la guerre, si le véritable auteur en était découvert. Et la saisie même de la pièce, si elle était connue de l'ambassade allemande, devait nécessairement y « brûler » Esterhazy.

Il s'agissait donc à la fois, pour les traîtres, de détourner les recherches sur une fausse piste et de donner le change à l'Allemagne sur la véritable pièce interceptée.

Le capitaine Dreyfus, dont l'écriture, par son inclinaison particulière et par ses caractères généraux, n'était pas sans ressemblance avec celle d'Esterhazy, fut choisi comme bouc émissaire, en raison même de sa religion. Il suffisait de le désigner à l'antisémitisme délirant d'un Sandherr, d'un Fabre et d'un du Paty pour lancer la meute sur le Juif. Enfin, le bordereau n'étant connu que d'un nombre restreint de confidents, il était possible de le reprendre et d'introduire dans la pièce accusatrice des falsifications insensibles à première vue. Il fallait qu'elles fussent telles pour ne pas trahir la retouche, et néanmoins suffisantes pour dénoncer à l'examen photomicrographique *deux écritures* artificiellement agglutinées.

Esterhazy était là et possédait des provisions de papier transparent « de la même cuvée ». Il refit le bordereau de manière à lui laisser l'apparence générale de l'original, mais en y réservant cinq ou six *blancs* où furent décalqués des chiffres, lettres et syllabes empruntés à l'écriture du capitaine Dreyfus. L'opération accomplie, on avait désormais, au lieu du bordereau primitif, un bordereau en apparence identique et de la même main, mais portant à la fois les caractères d'une écriture courante et par endroits les indices graphiques d'un décalque, avec des traces de l'écriture d'Alfred Dreyfus.

Une seconde copie de l'original fut alors ou ne fut pas renvoyée à M. de Schwarzkoppen (la nécessité de ce renvoi avait servi de prétexte aux faussaires pour leur travail de retouche). Toujours est-il que l'attaché militaire allemand ignora la soustraction jusqu'en 1896, au moment de la publication du fac-similé par le journal le *Matin*, et resta jusqu'à cette date en relations avec Esterhazy.

Les chiffres, lettres et syllabes empruntés au capitaine Dreyfus sont les suivants : 2 de *120* (cinquième ligne); 2º (septième ligne); *cier* dans *officier* (dix-huitième ligne); *z* dans *vouliez* (vingt-septième ligne); *in exte* dans *in extenso* (vingt-huitième ligne); *uvres* dans *manœuvres* (vingt-quatrième ligne).

Tous ces chiffres, lettres et syllabes se superposent exactement à des chiffres, lettres et syllabes provenant authentiquement soit des documents saisis chez Dreyfus ou écrits par lui à l'État-Major, soit des dictées qui lui furent imposées au cours de l'instruction secrète. Or, la superposition parfaite est une preuve absolue de décalquage — aucun individu au monde n'écrivant deux fois dans sa vie le même mot (et à plus forte raison la même série de mots) identiquement de la même façon.

Esterhazy pouvait désormais plaider le décalquage de deux écritures. Il n'y manqua pas à l'occasion. Et pourtant sa main se décèle, même au bordereau frauduleux, par deux ou trois *tics* caractéristiques et que tout autre copiste aurait négligés. Par exemple, sa manière toute personnelle de barrer les doubles *t*, en écrivant d'abord le premier *t*, puis la barre, puis le second *t* à cheval sur la barre (particularité qui ne se retrouve pas deux fois chez cent millions d'hommes) ; par exemple encore, sa manière d'écrire *texir* pour *tenir*, par déformation de l'*n*.

La fausse lettre de Guillaume II.

Les altérations introduites par les faussaires, dans la copie du bordereau original, étaient nécessairement trop peu importantes pour entraîner conviction absolue contre le capitaine Dreyfus. Les experts se trouvaient en désaccord. Aucune preuve morale ne venait s'ajouter à ces cinq ou six syllabes, pour corroborer la culpabilité de l'officier israélite. Le général Mercier hésitait à ouvrir le procès.

C'est alors que les traîtres eurent l'idée géniale d'introduire au dossier une prétendue lettre de l'empereur allemand, expliquant benoîtement à son ambassadeur que le capitaine Dreyfus était depuis longtemps déjà à son service personnel et joignant à cet aveu plein d'à-propos un certain nombre de prétendues lettres du capitaine Dreyfus.

On aurait peine à croire qu'une fable aussi grossière ait pu trouver créance, si l'on n'avait, depuis, vu M. Cavaignac lire à la tribune, aux applaudissements de la Chambre, le billet immortel qu'il attribuait, avec deux ou trois couches successives de ministres, au colonel Panizzardi. Toujours est-il que l'imposture fut acceptée d'enthousiasme, non seulement par les bureaux de la guerre, mais par les spécialistes les plus galonnés du quai d'Orsay. Plus tard, on devait aller jusqu'à créer pour le mémorable document un état civil d'emprunt, par la nomination d'un parrainage de diplomates, chargés de présider à sa naissance officielle, encore que secrète, et par de fausses confidences répandues pour donner à croire que cette floraison de pièces apocryphes était postérieure au procès Dreyfus. Peut-être, au surplus, les avait-on refaites à l'occasion de ce baptême diplomatique, car on ne sait plus, en cette affaire, où s'arrête le faux moral, après le faux matériel.

Mais ce n'était point assez pour les imposteurs d'avoir placé à beaux deniers comptant leur dossier apocryphe et fait éclater aux yeux du général Mercier la culpabilité de Dreyfus. Il restait à en tirer une seconde mouture et du même coup à empêcher l'examen du bordereau dans un débat public. Il n'y avait, à cet effet, qu'à dénoncer l'existence de la lettre impériale à l'attaché allemand, contre monnaie sonnante, et à provoquer ainsi un incident diplomatique.

La nouvelle venait à point pour justifier M. de Schwarzkoppen auprès de son ambassadeur, très mécontent des bruits qui remplissaient la presse au sujet de l'affaire Dreyfus, en violation apparente des engagements pris par lui-même après l'affaire Borup. L'attaché allemand démontra victorieusement à son chef que les espions avaient du bon, puisqu'ils le mettaient en possession d'un aussi fin morceau. M. de Munster courut chez M. Casimir-Perier et affirma, positivement ou implicitement, la fausseté des prétendus autographes. D'accord formel, il fut convenu qu'ils seraient supprimés.

Le double objet des faussaires une fois atteint par la condamnation du capitaine Dreyfus, il fallait empêcher à jamais la divulgation et l'examen des pièces. Et pour cela, il suffisait encore de dénoncer à l'ambassade allemande l'usage qui en avait été fait, en violation de la promesse échangée. D'où la crise. D'où la suppression provisoire du dossier « ultra secret ». *Tout n'est donc pas brûlé ?* demandait un jour le général de Boisdeffre.

En 1897.

Les choses en seraient restées à ce point, si plus tard, à la suite de l'enquête ouverte par le colonel Picquart, de la publication du bordereau et des révélations partielles apportées par la presse, la police militaire n'avait jugé indispensable de couvrir à tout prix Esterhazy. S'il se voyait acculé, il allait parler et n'en faisait point mystère. D'où la protection acharnée qui lui fut accordée, les nouveaux faux destinés à remplacer les pièces supprimées, le document libérateur, la dame voilée et le reste... En un sens, Esterhazy dit vrai quand il affirme qu'il était l'*homme de l'État-Major*. Il fut, à coup sûr, l'homme d'une coterie jésuitique et criminelle, coalisée à l'État-Major pour masquer la trahison véritable en la faisant peser sur un officier innocent.

A cette phase de l'affaire, le gouvernement allemand aurait pu parler. Il se crut lié par sa promesse et se contenta de faire dire par tous ses organes qu'il ne voyait pour son compte aucun inconvénient à la divulgation pleine et entière de la vérité. Aussi bien, il avait tout à gagner à laisser des Français outrager l'Alsace-Lorraine dans la personne des meilleurs et des plus purs de ses fils. Le général de Boisdeffre put donc librement tantôt évoquer le spectre du dossier « ultra secret », tantôt le faire rentrer dans l'ombre, selon les besoins de son exécrable cause.

Veuillez agréer, monsieur le Procureur général, l'assurance de ma haute considération.

PASCHAL GROUSSET,
Député.

ANNEXES

PREMIÈRE DÉNÉGATION OFFICIEUSE

Des renseignements que nous avons recueillis il résulte que le récit de M. Paschal Grousset est inexact au moins sur un point. Les ministres du cabinet de 1894, ainsi que cela a déjà été affirmé, n'ont jamais eu connaissance de prétendues lettres de l'empereur d'Allemagne et l'incident diplomatique — ou plutôt les conversations diplomatiques — dont parle M. Paschal Grousset ne concerneraient nullement ces prétendues lettres.

(*Le Temps*, 6 janvier 1899.)

RÉPONSE AU DIRECTEUR DU « TEMPS »

« Paris, 6 janvier.

» Monsieur le directeur, la lettre que j'ai adressée à M. le procureur général près la Cour de cassation ayant le caractère d'une déposition, vous trouverez légitime que je tienne à en rétablir la portée exacte sur des points essentiels.

» Je n'ai pas écrit que le commandant Esterhazy eut soin de laisser « au bordereau » quelques *blancs* où furent décalqués des chiffres et syllabes empruntés au capitaine Dreyfus. J'ai affirmé que les *blancs* furent laissés et les décalques introduits dans la copie frauduleuse du bordereau, faite après l'entrée de l'original au ministère de la guerre, et qui figure actuellement au dossier à la place de cet original.

» Vous dites, d'autre part, qu'il résulte des renseignements que vous avez recueillis que mon récit est inexact au moins sur un point ; que les ministres de 1894 n'ont jamais eu connaissance de la fausse lettre attribuée à l'empereur allemand, et que l'incident diplomatique, — ou plutôt les conversations diplomatiques, — « ne concerneraient » nullement cette fausse lettre.

» J'ai l'honneur de vous faire remarquer qu'à des affirmations précises il paraît indispensable, dans un cas comme celui-ci, d'opposer des affirmations ou des dénégations également précises. Qui déclare mon récit inexact au moins sur un point ? J'invite ce témoin trop discret à se montrer, et nous discuterons sa déposition. Quelle différence voit-il entre un incident diplomatique et des conversations diplomatiques ? Je n'ai jamais dit qu'on eût échangé des notes de Livre jaune.

» Enfin, il ne faudrait pas qu'il y eût confusion entre

l'existence d'une fausse lettre impériale et la « connaissance » de cette fausse lettre par les ministres de 1894.

» L'existence est-elle contestée ? Non, c'est bien entendu.

» Plusieurs ministres de 1894 peuvent n'avoir ni vu de leurs yeux ni soupçonné la photographie de la fausse lettre. Nous savons qu'il existe ou qu'il a existé tout un appareil protocolaire destiné à la faire supposer postérieure au procès Dreyfus. Il est également certain que, dans les conversations diplomatiques, l'étiquette élémentaire s'opposait à ce qu'on mît les points sur les *i* et qu'on parlât ouvertement d'une lettre impériale, même fausse, relative à un fait d'espionnage. On se bornait, assurément, à des allusions discrètes, à des périphrases extraordinairement voilées sur un document de nature anormale obtenu par des moyens qu'il n'était même pas possible de laisser entrevoir en langage civilisé ; — périphrases couronnées de l'affirmation positive qu'on n'avait jamais connu l'existence de l'officier désigné par une partie de la presse comme ayant entretenu des relations irrégulières avec un gouvernement étranger. On ajoutait sans nul doute qu'il serait profondément regrettable de voir les relations de deux grands pays troublées par ce qui ne pouvait être qu'un malentendu, reposant sur de fausses apparences. Et l'on convenait de part et d'autre, à titre purement hypothétique, de supprimer de tels documents, si d'aventure une juridiction quelconque croyait les posséder, pour n'en plus jamais parler, sous aucun prétexte. Ce qui oblige les anciens ministres de 1894, en tout état de cause, à déclarer qu'ils n'en eurent jamais connaissance, même si ce n'est qu'à demi vrai.

» Un fait domine cette phraséologie diplomatique, derrière laquelle il est toujours facile de s'abriter : c'est que la conversation internationale, — avant, pendant et après la nuit historique de M. Poincarré — roulait sur un document *qui n'était pas le bordereau*, par la raison décisive que la soustraction du bordereau n'a été connue de l'attaché allemand qu'en 1896.

» Veuillez agréer, monsieur le directeur, l'assurance de mes sentiments les plus distingués

» PASCHAL GROUSSET. »

AU CONSEIL DES MINISTRES

Le conseil des ministres a tenu hier une séance assez mouvementée, au sujet de laquelle il nous revient certains renseignements assez curieux. Cette séance a été presque tout entière consacrée à examiner diverses questions qui se rattachent à l'enquête que poursuit la chambre criminelle de la Cour de cassation.

Tout d'abord le garde des sceaux a fait connaître que l'enquête ouverte par ses soins avait permis de constater qu'il n'y avait jamais eu d'incident Bard et que tous les récits répandus par une certaine presse, dans un but facile à comprendre, étaient absolument faux.

Mais ce n'est pas sur ce point que la délibération du conseil a offert de l'intérêt ; car ce résultat était prévu, et il n'y a eu qu'à l'enregistrer. La discussion que nous voulons signaler a eu lieu au sujet d'une nouvelle demande de la Cour suprême.

La chambre criminelle s'est préoccupée du dossier ultra-secret dont l'existence a été affirmée naguère par divers organes de la presse et en outre par une lettre récente de M. Paschal Grousset au Procureur général. Elle a donc chargé son président de demander au gouvernement communication de ce dossier au cas où il existerait. La demande transmise au gouvernement par le garde des sceaux a été soumise hier au conseil des ministres.

Après une discussion assez longue, on s'est arrêté à l'idée de répondre à la Cour qu'il n'existait aucun dossier ultra-secret, que le seul dossier secret que connût le gouvernement était celui qui a été livré intégralement à la chambre criminelle par le ministre de la guerre.

Le conseil des ministres a jugé nécessaire en même temps de faire démentir par la voie de la presse qu'il existât de prétendues lettres de l'empereur d'Allemagne à Dreyfus ou de Dreyfus à l'empereur d'Allemagne. Le conseil a toutefois reculé devant la publication d'une note officielle qui aurait été livrée, suivant l'usage, à la publicité par la voie des agences. Il a préféré employer une voie indirecte et faire publier par divers journaux des démentis individuels, de manière à éviter toute apparence d'une communication officielle. Le conseil des ministres a tenu à compléter son démenti officieux en faisant dire qu'il ignorait si, à un moment donné, il avait pu exister des fausses lettres de ce genre qu'on aurait détruites depuis.

Le conseil a jugé plus prudent de suivre cette voie, l'expérience de ces derniers temps lui ayant appris à se méfier. Il n'a pas osé nier officiellement des faux dont l'existence pourrait être révélée ultérieurement.

(*Le Siècle*, 7 janvier 1899.)

DEUXIÈME DÉNÉGATION OFFICIEUSE

Le gouvernement s'est décidé à opposer une seconde dénégation à l'existence d'une fausse lettre de Guillaume II. Elle est encore conçue en termes vagues. Elle évite les explications et laisse planer le doute.

Voici, du reste, en quels termes elle est formulée — toujours par le *Temps* :

« Des renseignements que nous avons recueillis à une source autorisée nous permettent d'affirmer qu'en dehors du dossier secret communiqué actuellement à la Cour de cassation, il n'existe pas de dossier ultra-secret. » Le ministre de la guerre a communiqué à la chambre criminelle tout ce qu'il possédait à ce sujet. Le président du conseil et le ministre des affaires étrangères et de la guerre déclarent qu'ils n'ont aucune connaissance de prétendues lettres de l'empereur d'Allemagne à Dreyfus et de Dreyfus à l'empereur d'Allemagne. Enfin, ils ignorent s'il a existé de fausses lettres de ce genre qui aient été détruites. »

Cette dernière phrase est tout à fait remarquable.

« Les ministres ignorent s'il a existé de fausses lettres de ce genre qui aient été détruites », cela ne dit pas grand chose, en effet.

Ce qui eût été intéressant de savoir, c'est si M. Dupuy, M. de Freycinet et de M. Delcassé s'étaient renseignés.

On eût eu ainsi une déclaration nette et catégorique.

Mais c'était là, sans doute, ce que le gouvernement tenait à éviter.

Ignorer est si commode; ignorer est si facile !

Nous nous permettrons seulement de dire à M. Dupuy et à ses collègues : Avez-vous fait le nécessaire pour « savoir » ? Avez-vous interrogé M. Pauffin de Saint-Morel ? Avez-vous interrogé M. Hanotaux et M. le général Mercier ? Votre démenti, si vous n'avez point fait tout cela, est sans valeur. Il prouve seulement que vous avez eu peur d'en apprendre trop...

Voilà du moins la réponse que chacun sera en droit de faire à la note que le gouvernement a cru devoir faire publier pour nier l'existence de la fausse lettre de Guillaume II:

Nous n'ajouterons rien de plus. Nous attendrons des éclaircissements — car il est des réponses qui exigent une réponse et celle-ci est du nombre.

(*Le Rappel*, 8 janvier 1899.)

QUESTION OUVERTE

(*La Petite République*, 8 janvier 1899.)

La note officieuse communiquée par le conseil des ministres au sujet de la fausse lettre de Guillaume ne ferme pas la question. Il s'en faut. En voici le texte :

« La présidence du conseil déclare officiellement qu'il n'y a pas d'autre dossier secret que celui communiqué à la Cour de cassation, et qu'il n'existe, vraie ou fausse, aucune lettre de l'empereur Guillaume à Dreyfus ou de Dreyfus à l'empereur Guillaume. Il n'y a donc aucun dossier ultra-secret. »

D'abord, les journaux nationalistes n'avaient jamais parlé d'une lettre de Guillaume à Dreyfus. Plusieurs parlaient simplement d'une lettre de Guillaume *relative* à Dreyfus. Pour être tout à fait précise, la note ministérielle aurait dû toucher aussi à ce point.

Mais surtout, si les ministres font dire que cette lettre *n'existe pas*, ils ne disent pas *officiellement* qu'elle n'ait jamais existé. Ils affirment qu'en ce moment elle ne figure à aucun dossier ou du ministère de la guerre ou des affaires étrangères ou de l'intérieur. Ils n'affirment pas que jamais cette lettre absurde n'a été possédée par l'Etat-Major et utilisée par lui.

Il est vrai que les ministres ont ensuite ajouté de vive voix quelques commentaires, et le *Temps* leur fait dire : « Ils ignorent s'il a existé de fausses lettres de ce genre qui aient été détruites. »

Mais toute la question est là, et nous y insisterons, car il faut traquer les criminels et les faussaires jusqu'à ce que tout leur secret leur ait été arraché.

Jean Jaurès.

DES EXPLICATIONS SONT NÉCESSAIRES.

(Le Rappel, 9 janvier 1899.)

Le Temps disait hier : « Les ministres ignorent s'il a existé des fausses lettres de l'empereur d'Allemagne à Dreyfus et de Dreyfus à l'empereur d'Allemagne qui aient été détruites ».

La Liberté dit aujourd'hui : « Les ministres actuels pas plus que ceux de 1894, n'ont jamais eu connaissance de lettres, ni vraies, ni fausses, de Dreyfus à l'empereur de Guillaume ou de l'empereur Guillaume à Dreyfus. Ces prétendus documents n'ont jamais existé ni au ministère des affaires étrangères, ni au ministère de la guerre, ni au ministère de l'intérieur. *N'ayant jamais existé à aucun moment, ces pièces n'ont pas pu être détruites,* comme certains l'ont prétendu ».

Ce second démenti est incontestablement beaucoup plus catégorique que le premier.

Ici, pas d'équivoque possible. Les mots sont nets et précis. On est fixé.

Une question pourtant vient tout de suite à l'esprit : pourquoi le *Temps* n'a-t-il pas complété sa première note ? Pourquoi est-ce la *Liberté* seule qui s'exprime en ces termes ?

Ce n'est pas que nous doutions de la valeur des renseignements de notre confrère. Nous sommes convaincus qu'ils émanent de la source la plus autorisée. Mais il est bien permis de trouver quelque peu étrange qu'au *Temps*, le gouvernement ne tienne pas le même langage qu'à la *Liberté*, et que sur le même sujet, il fasse paraître des notes de formes diverses dans différents journaux.

A cette observation une autre s'ajoute, plus essentielle :

Le gouvernement déclare qu'à aucun moment, on n'a possédé, soit au ministère de la guerre, soit au ministère de l'intérieur, soit au ministère des affaires étrangères de fausses lettres de Guillaume à Dreyfus ou de Dreyfus à Guillaume. Soit. Nous l'admettons. Mais alors quelle est l'origine de ce bruit ? Par qui a-t-il été lancé et dans quel but ?

Voilà ce qu'il faudrait dire et ce qu'on ne dit pas.

L'histoire des fausses lettres de Guillaume a été racontée pour la première fois par un journaliste qui ne l'avait certainement pas inventée. Cela est hors de doute.

Il s'agit donc de savoir si l'on a interrogé l'officier que ce journaliste avait reçu quelques jours avant de raconter cette histoire et qui n'était autre que M. le commandant Pauffin de Saint-Morel.

Car de deux choses l'une : ou M. Pauffin de Saint-Morel est l'inventeur de cette fausse nouvelle et en ce cas on ne comprendrait pas que le gouvernement ne la déférât pas à un conseil d'enquête, ou M. Pauffin de Saint-Morel n'est pour rien dans cette aventure, et en ce cas, on ne comprendrait pas davantage que le gouvernement l'empêchât de détruire les soupçons qui pèsent sur lui.

On dira qu'il est encore possible que M. Pauffin de Saint-Morel n'ait fait que colporter une fausse nouvelle qui avait été inventée par un autre.

Mais est-ce que, dans cette hypothèse, le devoir du gouvernement ne serait pas de rechercher quel est cet « autre » et, l'ayant trouvé, de le punir ?

Le démenti du gouvernement — même sous la forme catégorique de la note de la *Liberté* — ne répond à aucune de ces questions.

On nous permettra de penser que cela est dommage et de demander, sur ce point, de nouveaux éclaircissements.

La déclaration officielle, faite par le président du conseil, qu'il n'existe aucune pièce de quelque nature qu'elle soit, qu'elle provienne de l'empereur Guillaume ou de la succession Norton, qui n'ait été communiquée à la cour de cassation, n'est pas pour nous déplaire. Elle ferme d'avance la bouche aux protestataires. La cour suprême aura statué en toute connaissance de cause, et son verdict est désormais inattaquable.

Mais, alors, toutes ces fameuses histoires de guerre,

de pièces dont la lecture mettrait le feu aux quatre coins de l'Europe; ces valises diplomatiques violées; ces contes à dormir debout que clamaient chaque fois les feuilles patriotardes! Pas même une lettre de l'empereur allemand, vraie ou fausse! Rien que le document libérateur de la dame voilée! C'est une véritable déception pour les amateurs de dénouements sensationnels.

Faut-il croire, au contraire, que là où les fameuses lettres, impériales ou mortenesques, ont bel et bien existé, qu'elles ont été payées très cher à quelques faussaires, et que lorsqu'on a été convaincu que toute cette affaire menaçait de tourner à la confusion des complices, le précieux document se serait, comme par enchantement, envolé en fumée?

Mais vraiment n'en reste-t-il pas quelques cendres? Ou, alors, nous le répétons, pourquoi, pendant de si longs mois, ces mines effarées, ces menaces de complications européennes? Pourquoi M. Cavaignac lui-même est-il venu solennellement déclarer à la tribune que « nous étions maîtres chez nous », s'il n'y avait rien, rien?

(*Le Radical*, 9 janvier 1899.)

INTERROGATOIRE DE DREYFUS PAR DU PATY DE CLAM

Cour de Cassation. — Rapport.

22 octobre 1894.

Il montre à l'inculpé des fragments de mots :

D. — Reconnaissez-vous votre écriture dans les mots : « quelques modifica... » « troupes de couverture » et « Madagascar » ?

R. — Je ne puis ni infirmer, ni affirmer ; le peu qu'on me montre est insuffisant. Cependant le mot Madagascar m'étonne, parce que je ne me suis jamais occupé de cette question ; par conséquent, je n'ai pas eu à écrire ce mot. Les mot *troupes de couverture* ressemblent à mon écriture.

INDISCRÉTIONS DE L'ÉTAT-MAJOR CONTEMPORAINES DU PROCÈS

Libre Parole, 5 décembre 1894 :

« Le gouvernement est maintenant décidé à arrêter l'affaire Dreyfus. De longs pourparlers viennent d'avoir lieu entre le ministre des affaires étrangères et l'ambassade d'Allemagne. M. Hanotaux a rendu en personne visite à M. de Munster. On a donné comme prétexte de cette visite, que M. de Munster était souffrant. C'est une explication pour la galerie. La vérité, c'est que M. Hanotaux est allé à l'ambassade d'Allemagne, parce que l'ambassadeur d'Allemagne l'y avait appelé. C'était déjà ainsi du temps de Ferry. M. Hanotaux et M. de Munster sont, tout d'abord, tombés d'accord sur un point : dans l'état actuel de l'opinion, il est impossible de juger Dreyfus à huis clos. Mais, si les débats sont publics, le pays connaîtra le rôle exact des attachés militaires allemands, et le moins qu'il en puisse résulter, c'est une telle tension de nos rapports diplomatiques avec le gouvernement de Guillaume, qu'il faudrait s'attendre à tout. Devant ces conséquences, exposées avec fermeté par M. de Munster à M. Hanotaux, nos ministres, toujours prêts à s'incliner devant la volonté de l'Allemagne, ont décidé de jouer au Conseil de guerre la petite comédie suivante : les débats seront publics, mais on ne retiendra des faits reprochés à Dreyfus que le minimum et il ne sera pas question de ses rapports plus ou moins directs avec l'ambassade d'Allemagne. On n'acquittera pas le traître, car personne ne peut prévoir les suites que déterminerait un pareil défi à notre patriotisme ; on le condamnera à la prison ou à la déportation dans une enceinte fortifiée, et on le fera évader quelque temps après, comme Bazaine. »

Même journal, 7 décembre 1894 :

« Il existe au dossier une lettre trouvée dans les papiers d'un attaché militaire d'une puissance de la Triple-Alliance, qui est accablante pour Dreyfus. Si on produit cette lettre aux débats, il faudra aussi expliquer comment cette lettre a pu tomber aux mains de la police française. Pour tout autre gouvernement moins aplati que le nôtre devant les menaces de l'étranger, la difficulté serait vite tranchée. ON PRODUIRAIT CETTE LETTRE. Nos hommes d'État ne sont pas de taille à prendre cette attitude. Aussi, EST-IL QUESTION DE SUPPRIMER LA LETTRE DES DÉBATS. De cette façon, il ne resterait plus contre Dreyfus que des présomptions et on le condamnerait au minimum. Le but des juifs serait atteint. »

Même journal, 8 décembre 1894 :

« A noter un bruit qui a couru hier au ministère de la guerre, et d'après lequel une des pièces les plus importantes du dossier aurait été remplacée par un document apocryphe. Cette pièce serait précisément la lettre trouvée dans les papiers de l'attaché militaire d'une puissance de la Triple-Alliance. La disparition de cette pièce n'aurait pas d'ailleurs l'importance qu'on pourrait supposer. Le général Mercier, qui l'a eue le premier entre les mains, EN POSSÈDE, NOUS DIT-ON, UNE PHOTOGRAPHIE. »

Même journal, 10 décembre 1894 :

« Si, pour les raisons que nous avons dites, les deux pièces principales établissant la culpabilité de Dreyfus, sont soustraites aux débats, *il est à présumer qu'on les publiera.* Que les complices du traître se le tiennent pour dit. On ne peut que féliciter le général Mercier de sa prudence. Bien joué. »

Même journal, 11 décembre :

« Depuis qu'il a été révélé que le ministre de la guerre POSSÉDAIT UNE PHOTOGRAPHIE des pièces principales du dossier de l'affaire Dreyfus, un grand désarroi règne dans le camp juif. Ils s'aperçoivent aujourd'hui qu'un acquittement obtenu grâce à une SUPPRESSION DE DOCUMENT, serait pour eux pire qu'une condamnation, puisque ce document qu'ils voudraient soustraire aux débats serait, dès le lendemain peut-être, livré à la publicité. Nous ne pouvons, encore une fois, que féliciter le général Mercier de sa prudence. Les juifs ont trouvé plus malin qu'eux. »

Même journal, 13 décembre 1894 :

« Il y a maintenant deux camps bien tranchés dans la presse : le camp de ceux qui tiennent pour Dreyfus, et le camp de ceux qui tiennent pour le général Mercier. A force d'intrigues, de menaces et d'argent, les juifs sont parvenus à troubler les consciences, au point qu'il est des gens qui, aujourd'hui, se demandent si ce n'est pas le ministre de la guerre qui est le traître et le capitaine juif qui est le ferme patriote. »

Même journal, 15 décembre 1894 :

« Dreyfus va comparaître le 20 courant devant le 1ᵉʳ conseil de guerre... Le général Mercier, par sa fermeté, sa franchise brutale et son patriotisme, a eu raison de ses ennemis qui complotaient dans l'ombre. »

ANNEXES 37

INDISCRÉTIONS DE L'ÉTAT-MAJOR CONTEMPORAINES DU PROCÈS

Article de M. Paul de Cassagnac.

L'Autorité, 15 décembre 1894 :

« Ce qui m'inspire des doutes, c'est ce qu'on affirme au sujet du document qui serait l'origine, la base même de l'accusation. Le document en question est une pièce dont l'écriture serait de Dreyfus... Dreyfus nie que l'écriture soit la sienne, et quatre experts ont été commis à cet examen. Trois sont affirmatifs, le quatrième proteste.

« S'il n'y a que cette preuve au dossier, l'accusation portée contre Dreyfus a été formulée avec autant d'imprudence que de légèreté... Malheureusement pour lui, il paraîtrait qu'il y a autre chose. ON PARLE D'UN AUTRE DOCUMENT QUI SERAIT ACCABLANT. Oui... mais le gouvernement *n'aurait pas le courage, paraît-il, d'avouer publiquement comment il s'est procuré cette pièce...* Et on hésiterait à la produire.

» Alors que resterait-il de l'accusation ? Est-ce parce que le gouvernement, responsable de ce lamentable procès, ne se sent pas entièrement armé, qu'*il se propose de demander le huis-clos ?* Est-ce parce qu'il a peur de la puissance étrangère dont l'attaché militaire a joué un rôle ignoble ? Nous ne savons.

» Mais ce que nous savons bien, c'est que l'opinion publique ne lui permettra pas de l'entourer de ténèbres et de fuir le débat contradictoire devant tous.

Il y aurait là une imprudence doublée d'une lâcheté... »

RÉVÉLATIONS DE L'ÉTAT-MAJOR EN 1897

C'est le 15 novembre 1897 que M. Mathieu Dreyfus dénonce Esterhazy comme l'auteur du bordereau. Dès le lendemain, le commandant Pauffin de Saint-Morel, officier d'ordonnance de M. de Boisdeffre, rendait visite à M. Rochefort, et le même jour, *la Patrie* publiait une interview du rédacteur en chef de l'*Intransigeant*, qui n'a jamais contesté les paroles mises dans sa bouche par le journal de M. Millevoye.

M. Rochefort déclarait notamment avoir été documenté « par un officier supérieur occupant une très haute situation au ministère de la guerre dans le service de l'Etat-Major général ». Cet officier, dont il ne disait pas le nom, lui avait dit :

« Non seulement nous possédons la preuve indubitable que le commandant Esterhazy est la victime d'un infâme complot ; mais en ce qui concerne Dreyfus, *je suis autorisé à vous dire que nous possédons des documents absolument probants* qui, tout en dégageant complètement le commandant Esterhazy, établissent *péremptoirement* la culpabilité du prisonnier de l'île du Diable. Ces documents, le syndicat Dreyfus en ignore même l'existence. *Lorsque le moment sera venu, on les lui servira.* »

Le soir même, *la Presse* reproduisait l'article de *la Patrie*, et faisait connaître l'auteur de la communication : M. le commandant Pauffin de Saint-Morel.

Sous ce titre : *la Vérité sur le traître*, *l'Intransigeant* du 13 décembre publiait un article, composé sur « des renseignements puisés à la meilleure source, qu'on peut tenir pour absolument authentiques ». J'en extrais le passage qui suit :

« Dreyfus écrivit directement à l'empereur d'Allemagne, afin de lui faire part de ses sympathies pour sa personne et pour la nation dont il est le chef, et lui demander s'il consentirait à lui permettre d'entrer avec son grade dans l'armée allemande.

» Guillaume II fit savoir au capitaine Dreyfus, par l'entremise de l'ambassade, qu'il était préférable qu'il servît le pays allemand, sa vraie patrie, dans le poste que les circonstances lui avaient assigné, et qu'il serait considéré à l'état-major allemand comme un officier en mission en France.

» La promesse lui fut faite, en outre, qu'en cas de guerre il prendrait immédiatement rang dans l'armée allemande.

» Dreyfus accepta ces conditions.

» Et la trahison commença ; elle dura jusqu'au jour où le traître fut arrêté.

» Ce préambule était nécessaire à ce qui va suivre :

» Une des fameuses pièces secrètes est une lettre de l'empereur d'Allemagne lui-même.

» Elle fut dérobée, photographiée et replacée où elle avait été prise.

» Dans cette lettre, adressée à M. de Münster, Guillaume II nommait tout au long le capitaine Dreyfus, commentait certains renseignements et chargeait l'agent de l'ambassade communiquant avec lui d'indiquer au traître les autres renseignements à recueillir, nécessaires à l'état-major allemand. »

Enfin, l'auteur de l'article disait tenir d'un attaché militaire étranger l'information suivante, absolument confirmative :

« Quelques jours avant l'arrestation de Dreyfus, le comte de Münster, ambassadeur d'Allemagne, s'était rendu chez M. Charles Dupuy, président du conseil des ministres, et lui avait tenu le langage suivant :

« On a soustrait dans les bureaux de l'ambassade
» une liasse de documents, huit lettres qui m'étaient
» adressées. C'est une véritable violation de territoire
» en temps de paix. J'ai le regret de vous informer
» que, si ces lettres ne me sont pas restituées immé-
» diatement, je quitterai Paris dans les vingt-quatre
» heures. ».

« Les documents furent rendus séance tenante au comte de Münster.

» Seulement, ils avaient été photographiés.

» Et ce sont les photographies qui ont été mises sous les yeux des juges du conseil de guerre.

» Sur les huit lettres, sept émanaient de Dreyfus ».

Le gouvernement répondit immédiatement par un démenti, auquel répliqua M. Rochefort en déclarant qu'il tenait la parole des ministres pour « la plus né gligeable des quantités ». Et, pour préciser, *l'Intransigeant* du 17 décembre expliquait que le dossier secret se composait de deux parties : l'une contenant « les rapports secrets du service du contre-espionnage » ; l'autre « les photographies — inconnues de l'ambassade d'Allemagne — des huit lettres dérobées et rendues ». Il était déclaré, en outre, que M. Casimir-Périer avait pris l'engagement vis-à-vis du comte de Münster de démentir l'existence des lettres de l'empereur d'Allemagne et du capitaine Dreyfus. Le mot d'ordre était celui-ci : « Il n'y a pas eu de soustraction de pièces. Ces pièces n'existent pas. »

Comme suite à cette divulgation, l'Etat-Major général frappait le commandant Pauffin de Saint-Morel de trente jours d'arrêts de rigueur dans une note dont l faut peser toute la portée :

« Une punition de trente jours d'arrêts a été infligée à la date de ce jour au commandant Pauffin de Saint-Morel, par le chef de l'Etat-Major général de l'armée — pour avoir fait à un journaliste une communication *interdite par les règlements et les ordres du ministre* ».

Ainsi, cette note officielle ne dit pas « une communication fausse, inexacte, erronée » ; elle dit une communication *interdite*. Sous couleur de punir l'officier, Etat-Major *ratifiait, soulignait, affirmait les déclarations de M. Rochefort.*

Le 12 février 1895, à la sixième audience du procès

Zola, Henry prit la peine de confirmer, comme il suit, le récit de *l'Intransigeant* :

« Il faut vous dire que, lorsque le colonel Sandherr m'a remis ce dossier (le dossier secret contenant la pièce : « Ce canaille de D... »), le 16 décembre 1894, je lui ai dit : « Mais comment se fait-il que vous n'ayez plus besoin de ce dossier-là ? »

« Il m'a répondu : « J'en ai un plus important, et je vais vous montrer une lettre de ce dossier. »

« Il m'a fait voir une lettre, en me faisant jurer de n'en jamais parler. J'ai juré. Il m'a montré une lettre plus importante encore que celle du dossier. Il m'a dit : « J'ai avec cela quelques documents, mais je les garde par devers moi et je m'en servirai si besoin est. »

« Je n'ai plus jamais entendu parler de ce second dossier ; jamais le colonel ne me l'a remis. »

DIVULGATION PAR M. HENRY ROCHEFORT DU SYSTÈME DE L'ÉTAT-MAJOR

Intransigeant, du 15 décembre 1897.

« Oui, Dreyfus a été condamné sur le vu d'une pièce secrète et même de plusieurs. Pourquoi le nier ? Pourquoi ne pas l'avoir dit, ne pas l'avoir crié par-dessus les toits, au lieu de se taire, ne pas s'en dire glorifié comme d'une action d'éclat, au lieu de s'en cacher comme d'une faute ?... Il est à peine besoin de dire que les renseignements que nous allons donner ne nous ont pas été fournis par le commissaire en question (Havary), dont la discrétion est au-dessus de tout soupçon.

» Qu'il nous suffise d'affirmer qu'ils sont de la meilleure source, qu'on peut les tenir comme absolument authentiques et que, par conséquent, une fois connus, les bruyantes protestations de la bande Dreyfus n'auront plus aucun objet.

» On dit qu'il y a doute dans l'esprit d'un certain public : le doute disparaîtra. Les partisans du traître fondent quelque espoir sur l'instruction en cours : l'espoir s'évanouira.

Dreyfus et Guillaume II.

Dreyfus était exaspéré depuis longtemps de la campagne antisémite menée par plusieurs journaux.

Très ambitieux il se disait que juif, il ne pourrait jamais atteindre aux sommets de la hiérarchie qu'il rêvait.

Et il pensait que, dans ces conditions, il serait préférable pour lui de reconnaître comme définitifs les résultats de la guerre de 1870, d'aller habiter l'Alsace où il avait des intérêts et d'adopter enfin la nationalité allemande.

C'est alors qu'il songea à donner sa démission, à quitter l'armée.

Mais auparavant, il *écrivit directement à l'empereur d'Allemagne*, afin de lui faire part de ses sympathies, pour sa personne et pour la nation dont il est le chef, et lui demander s'il consentirait à lui permettre d'entrer avec son grade dans l'armée allemande.

Guillaume II fit savoir au capitaine Dreyfus, par l'entremise de l'ambassade, qu'il était préférable qu'il servît le pays allemand, sa vraie patrie, dans le poste que les circonstances lui avaient assigné, *et qu'il serait considéré à l'Etat-Major allemand comme un officier en mission en France.*

La promesse lui fut faite, en outre, qu'en cas de guerre il prendrait immédiatement rang dans l'armée allemande.

Dreyfus accepta ces conditions et la trahison commença : elle dura jusqu'au jour où le traître fut arrêté.

Lettre impériale.

Ce préambule était nécessaire à ce qui va suivre : *Une des fameuses pièces secrètes est une lettre de l'empereur d'Allemagne lui-même.*

Elle fut dérobée, photographiée et replacée où elle avait été prise.

Dans cette lettre adressée à M. de Munster, Guillaume II nommait tout au long le capitaine Dreyfus, commentait certains renseignements et chargeait l'agent de l'ambassade communiquant avec lui d'indiquer au traître les autres renseignements à recueillir, nécessaires à l'Etat-Major allemand.

Telle est l'origine de la principale « pièce secrète ».

Nous possédions depuis longtemps une version *qui nous avait été fournie par une personnalité militaire des mieux placées* pour être admirablement informée, analogue à celle que nous publions aujourd'hui en toute certitude.

Confirmation.

Nous avons tenu, d'ailleurs, à nous entourer de toutes les garanties possibles avant de livrer ces importantes révélations au public, bien, encore une fois, que la source d'où elles émanent soit des plus autorisées.

Un attaché militaire étranger à qui nous les avons soumises nous a déclaré ce qui suit :

« — J'ignorais les détails extrêmement curieux que vous possédez sur les relations de Dreyfus avec le haut Etat-Major allemand ; mais ce que je sais du fond de l'affaire y correspond admirablement. De même que la plupart de mes collègues attachés militaires des puissances étrangères, j'ai entretenu des relations de camaraderie assez intimes avec le colonel Schwarzkoppen, et il m'arriva souvent, dans les conversations nombreuses que j'eus avec lui, de faire allusion à l'affaire Dreyfus.

» Et voici, résumé, ce que j'ai appris :

» Quelques jours avant l'arrestation de Dreyfus, le comte de Munster, ambassadeur d'Allemagne, s'était rendu chez M. Charles Dupuy, président du Conseil des ministres, et lui avait tenu le langage suivant :

« On a soustrait dans les bureaux de l'ambassade
» une liasse de documents, huit lettres qui m'étaient
» adressées. C'est une véritable violation du terri-
» toire en temps de paix.

» J'ai le regret de vous informer que si ces lettres
» ne me sont pas restituées immédiatement, je quit-
» terai Paris dans les vingt-quatre heures. »

» Les documents furent rendus séance tenante au comte de Munster.

» Seulement *ils avaient été photographiés*, et ce sont les photographies qui ont été mises sous les yeux des juges du Conseil de guerre.

» Sur les huit lettres, sept émanaient de Dreyfus. »

Cette déclaration, sur la sincérité de laquelle aucun doute n'est possible, confirme absolument les renseignements publiés plus haut d'autre source.

Des huit lettres soustraites, sept étaient de Dreyfus. La huitième était évidemment la missive impériale *où le capitaine Dreyfus était nommé*, et qui fut la cause du langage tenu par l'ambassadeur allemand M. Dupuy.

Le gouvernement, ayant opposé à ce récit un démenti officiel, M. Rochefort intervint de sa personne ; sous le titre : « démentis négligeables », il publiait ceci :

» Billot et Méline, tout en feignant de s'incliner devant la chose jugée, laissaient volontiers entendre que quoique déclaré coupable à l'unanimité, il n'y aurait rien d'extraordinaire à ce que le déporté de l'île du Diable fût innocent, étant donné le peu d'infaillibilité de la justice humaine.

» Or, lorsque Billot, autant par crainte des manifestations de la rue que de l'hostilité du Sénat, se résignait à cette posture entre deux selles, il connaissait dans leurs moindres détails les phases des débats du procès du traître.

» Il avait également sous les yeux la « pièce secrète » avec laquelle il lui était si facile de moucher Scheurer-Kestner, quand ce vieil imbécile venait dans son cabinet lui exhiber les paperasses incohérentes de son prétendu dossier.

» En quatre mots, avant que la moindre agitation se produisît, il était loisible à Billot de régler leur compte aux agitateurs. »

RÉCIT DE M. MILLEVOYE

Meeting de Suresnes.

M. Millevoye, faisant l'historique de l'affaire Dreyfus, arrive à la pièce secrète.

— Elle existe ? crie-t-on de toutes parts.

— Eh bien, oui, citoyens, elle existe, dit l'orateur. Voulez-vous en connaître la teneur ?

— Oui ! oui !

— La voilà ; cette pièce dit : « *Que cette canaille de Dreyfus envoie au plus tôt les pièces promises. Signé... Guillaume.* »

Cette révélation est accueillie par un rire général.

Ce sont, pendant cinq minutes, des clameurs étourdissantes que percent des lazzi à l'adresse du conférencier.

— Est-ce la dame voilée qui vous a communiqué cette lettre? demanda ironiquement quelqu'un...

L'orateur termine en disant que, vu les déclarations de M. de Bulow, la publication de la pièce secrète prouverait le parjure de l'empereur d'Allemagne et ce serait la guerre.

DÉPOSITION DU COLONEL HENRY

Cour d'assises de la Seine, procès Zola, tome 2, p. 375.

M. LE COLONEL HENRY. — Eh bien! Allons-y! En 1894, j'ai l'honneur d'appeler votre attention sur les dates, messieurs les jurés, au mois de novembre, un jour le colonel Sandherr est entré dans mon bureau et m'a dit : « Il faut absolument que vous recherchiez, dans vos dossiers secrets, tout ce qui a trait aux affaires d'espionnage. — Depuis quand? — Depuis que vous êtes ici. Vous les avez classés? — Je lui ai dit : Oh! ce ne sera pas long; j'y suis depuis un an, depuis 1893. — Eh bien, recherchez tout ce que vous avez, vous en constituerez un dossier. »

J'ai recherché ce que j'avais, et j'ai retrouvé, je crois, *huit ou neuf pièces,* — je ne me souviens plus exactement du nombre — dont une lettre importante ayant un caractère extra-confidentiel et, si vous voulez, extra-secret. Je fis un bordereau de ces pièces, je prie copie de quelques-unes, et je remis le tout au colonel Sandherr. C'était, comme je vous le disais tout à l'heure, messieurs les jurés, en novembre 1894. Le colonel le prit, le garda environ un mois. Vers le 15 ou le 16 décembre 1894, le colonel vint me trouver et me dit : « Voilà votre dossier. »

Ah ! pardon, avant il y a un détail important que j'oubliais...

Lorsque je remis le dossier au colonel Sandherr, je lui fis remarquer qu'une pièce secrète, pièce importante dont je vous parlais tout à l'heure, messieurs les jurés, ne devait pas sortir du bureau sans que nous en ayons le reçu ou la photographie. Il me répondit : J'en fais mon affaire ; je ferai faire des photographies. Il a fait faire deux ou trois photographies. Je ne me souviens plus exactement du nombre, dans tous les cas deux ou trois — et comme je vous le disais tout à l'heure, il me remit le dossier le 15 ou le 16 décembre 1894.

J'appelle votre attention sur cette date, messieurs les jurés, parce qu'on a fait à ce dossier une légende, et je tiens à rétablir son histoire.

Puis, le 16 décembre, j'ai repris le dossier sans faire le dépouillement des pièces qui s'y trouvaient, j'ai remis le tout dans une enveloppe : la fameuse enveloppe dont je parlais tout à l'heure, sur laquelle j'ai écrit au crayon bleu : « Dossier secret » ; dans un coin de l'enveloppe, la lettre D et, au verso, après avoir collé l'enveloppe, mon paraphe ou presque ma signature au crayon bleu ; j'ai remis ce dossier dans le tiroir de mon armoire secrète et il n'en est plus sorti qu'au moment où le colonel Picquart l'a demandé à M. Gribelin, c'est-à-dire — il se souviendra mieux de la date que moi, j'étais en permission — à la fin d'août ou au commencement de septembre 1896; voilà l'histoire de ce dossier.

Il faut vous dire que lorsque le colonel Sandherr m'a remis ce dossier le 16 décembre 1894, je lui ai dit : Mais comment se fait-il que vous n'ayez plus besoin de ce dossier-là?

Il m'a répondu : J'en ai un plus important, et je vais vous montrer une lettre de ce dossier.

IL M'A FAIT VOIR UNE LETTRE EN ME FAISANT JURER DE N'EN JAMAIS PARLER.

J'ai juré. Il m'a montré UNE LETTRE PLUS IMPORTANTE ENCORE QUE CELLES DU DOSSIER. Il m'a dit : « *J'ai avec cela quelques documents, mais je les garde par devers moi et je m'en servirai si besoin est.* »

Je n'ai plus jamais entendu parler de ce second dossier; jamais le colonel ne me l'a remis.

LE FAUX HENRY

Déposition du colonel Picquart devant le juge d'instruction Bertulus.

J'avais cru de mon devoir, le surlendemain du jour où le général de Pellieux avait révélé à la Cour d'assises le document en question, de ne pas vous parler d'un autre faux que je connais, mais qui, ne se rapportant qu'indirectement à moi, devait d'autant moins trouver place dans ma déposition. J'aurais été obligé de rompre le secret que je dois à mes chefs; je veux parler de la pièce que M. le général de Pellieux a jetée avant-hier soir dans le débat de la Cour d'assises; il s'agit de la lettre que deux attachés d'ambassade auraient échangée, lettre qui serait ainsi conçue (d'après le texte que m'a cité, mais non montré, M. le général Billot lui-même) :

« Maintenant qu'on recommence à faire du bruit autour de cette affaire Dreyfus, il est bien entendu, vis-à-vis de nos gouvernements respectifs, que nous n'avons jamais eu d'affaires à ce sujet. » Le tout était signé :... (Signature d'un attaché d'ambassade.)

C'est plusieurs jours avant mon départ que j'ai eu cette communication; elle m'avait été annoncée par M. le général de Boisdeffre et M. le général Gonse. J'ai commencé par exprimer mon étonnement que cette pièce n'eût pas passé par mon service, étant donné que d'habitude les pièces de ce genre m'étaient toujours remises par un agent bien connu. J'ai discuté ce texte devant le ministre sans trop insister; mais, devant mes chefs directs, j'avais une plus grande latitude; je leur ai dit avec une très grande netteté qu'il n'était pas possible d'admettre que, sur un sujet aussi grave, des personnages qui pouvaient se voir constamment aient pu, en langage clair, parler de leur gouvernement respectif dans une affaire aussi délicate que l'affaire Dreyfus. L'événement vient de démontrer que je ne les ai pas convaincus. En rien, je ne veux suspecter leur bonne foi; ils ont une opinion contraire à la mienne ; voilà tout. Si j'ai tenu à vous parler de cette pièce, d'ailleurs secrète, c'est parce que j'estime que ce maillon aurait manqué à la chaîne forgée autour de moi.

En résumé, je soutiens que je suis victime d'une machination ourdie contre moi par Esterhazy et un certain nombre de ses amis du ministère, pour m'empêcher de faire triompher par la voie du droit la vérité, c'est-à-dire l'innocence de Dreyfus et la culpabilité d'Esterhazy. Dès l'instant qu'on a vu que je tenais la vérité, on a tout fait pour la mettre dans le boisseau. Cette machination se manifeste :

1° Par la lettre à encre sympathique adressée au ministère ;

2° Par la publication du bordereau par l'*Eclair* dans son numéro du... 1896.

3° Par la pièce, que je soutiens être fausse, soi-disant échangée entre les attachés d'ambassade et versée aux débats par M. le général de Pellieux.

4° Par la publication du fac-similé du bordereau dans le *Matin* du... 1896.

5° Par la lettre anonyme adressée à X..., lui annonçant que lui et Esterhazy vont être dénoncés.

6° .....

7° Par mon départ précipité et l'ouverture de mes lettres au ministère.

8° Par la lettre du colonel Henry en date du 31 mai 1897.

9° Par la lettre d'Esterhazy du 7 novembre 1897.

10° Par la lettre anonyme du 10 novembre, qui m'est arrivée à Tunis.

11° Par le télégramme « Speranza ».
12° Par le télégramme signé « Blanche ».

Enfin, par la façon dont j'ai été traité depuis mon retour en France, depuis le 28 novembre dernier.

DÉCLARATION DE M. CAVAIGNAC

(*Chambre des députés, séance du 7 juillet 1898.*)

Bien qu'il soit certain à mes yeux, par l'ensemble des présomptions concordantes dont je parlais tout à l'heure, que c'est de Dreyfus qu'il s'agit ici, si l'on veut admettre qu'il subsiste un certain doute dans l'esprit du fait que le nom n'est désigné que par une initiale, j'ai à faire passer sous les yeux de la Chambre une autre pièce où le nom de Dreyfus figure en toutes lettres. (*Mouvement.*)

Au moment où fut déposée l'interpellation de M. Castelin, aux mois d'octobre et de novembre 1896, les correspondants dont je viens de parler s'inquiétèrent pour des raisons qui sont indiquées fort clairement dans les lettres que j'ai eues sous les yeux ; et alors l'un d'entre eux écrivit la lettre dont voici le texte :

« J'ai lu qu'un député va interpeller sur Dréyfus.
» Si... (Ici un membre de phrase que je ne puis lire), je dirai que jamais j'avais des relations avec ce juif. C'est entendu. Si on vous demande dites comme ça, car il faut pas que l'on sache jamais personne ce qui est arrivé avec lui. » (*Exclamations.*)

M. Alphonse Humbert. — C'est clair !

M. le ministre de la guerre. — J'ai pesé l'authenticité matérielle et l'authenticité morale de ce document.

Son authenticité matérielle résulte pour moi non seulement de tout l'ensemble des circonstances dont je parlais, il y a un instant, mais il résulte, entre autres, d'un fait que je veux indiquer : il résulte de sa similitude frappante avec un document sans importance écrit par la même personne, et écrit comme celui-là au crayon bleu sur le même papier assez particulier qui servait à la correspondance habituelle de cette même personne et qui, daté de 1894, n'est pas sorti depuis cette date des archives du ministère de la guerre.

Son authenticité morale résulte d'une façon indiscutable de ce qu'il a fait partie d'un échange de correspondances qui eut lieu en 1896. La première lettre est celle que je viens de lire. Une réponse contient deux mots qui tendent évidemment à rassurer l'auteur de la première lettre. Une troisième lettre enfin qui dissipe bien des obscurités indique avec une précision absolue, avec une précision telle que je ne puis pas en lire un mot, la raison même pour laquelle es correspondants s'inquiétaient ainsi ; la culpabilité de Dreyfus n'est pas établie seulement par le jugement qui l'a condamné, elle est encore établie par une pièce postérieure de deux années, s'encadrant naturellement à sa place, dans une longue correspondance, dont l'authenticité n'est pas discutable ;

elle est établie par cette pièce, d'une façon irréfutable. (*Applaudissements.*)

Sur la proposition de M. Mirman, l'affichage de ce discours est voté par la Chambre.

Procès-verbal de l'interrogatoire subi par le lieutenant-colonel Henry, le 30 août 1898, à 2 h. 30 du soir (1).

Le lieutenant-colonel Henry est introduit à 2 h. 30 par le général Gonse, sous-chef d'état-major général...

Le ministre prévient immédiatement le lieutenant-colonel Henry que l'examen des deux pièces au crayon bleu parvenues au service des renseignements, l'une en juin 1894, l'autre le 31 octobre 1896, a permis de constater que l'une d'elles contient des mots appartenant à l'autre, et réciproquement, et qu'elles ont été, par conséquent, gravement altérées toutes deux. Il adjure le lieutenant-colonel Henry de dire ce qu'il sait au sujet de ces pièces, en prévenant que, devant la matérialité des faits, l'absence d'explications sera aussi grave pour lui qu'une explication insuffisante.

Après ce préambule, l'interrogatoire s'établit comme il suit :

LE MINISTRE. — Quand et comment avez-vous re-

---

(1) *N. B.* — Esterhazy avait, deux jours plus tôt, menacé le général de Pellieux de révéler publiquement que la pièce citée par lui aux assises et apportée par Cavaignac à la tribune était un faux. C'est pourquoi l'Etat-major et Cavaignac se virent obligés de constater ce faux.

constitué la pièce de juin 1894? Quand et comment avez-vous reconstitué la pièce de 1896?

Henry. — J'ai reçu la première pièce au mois de juin 1894; c'est moi qui l'ai reconstituée, comme la plupart des pièces ayant la même origine quand elles étaient écrites en français. Je l'ai datée au moment où je l'ai reçue. Quant à la pièce de 1896, je l'ai reçue la veille de la Toussaint et je l'ai reconstituée moi-même; j'y ai mis la date moi-même.

Le ministre. — N'avez-vous jamais décollé puis reconstitué la pièce de 1894?

Henry. — Je n'ai jamais décollé puis recollé cette pièce. Pourquoi l'aurais-je fait? C'était une pièce sans importance. Elle avait été classée au dossier de l'année 1894. Je suis absolument sûr de ne l'avoir pas décollée; du reste, je ne décolle jamais les pièces.

Le ministre. — Gardez-vous quelquefois des morceaux de papier sans les reconstituer?

Henry. — Quelquefois, pendant un certain temps, le temps de débrouiller un peu ce que sont ces papiers; mais je ne me rappelle pas avoir gardé de morceaux de papier en vrac pendant plus de huit ou dix jours.

Le ministre. — Aviez-vous eu la pièce de 1896 en mains après le moment où vous l'avez remise au général Gonse?

Henry. — Je n'ai jamais eu la pièce de 1896 entre les mains depuis le moment où je l'ai remise au général Gonse.

Le ministre. — Comment pouvez-vous expliquer

alors que la pièce de 1894 contienne des morceaux appartenant à celle de 1896 et réciproquement?

Henry. — Je ne peux pas l'expliquer, cela me paraît impossible ; matériellement, la pièce de 1896 n'est jamais sortie des mains du général Gonse. Quant à celle de 1894, dont vous connaissiez l'existence aux archives, je l'ai recherchée quelques jours après avoir remis l'autre au général Gonse ; à ce moment on ne savait pas où elle était, j'ai dû la rechercher.

Le ministre. — La date que porte la pièce était-elle inscrite sur la pièce même ou sur un bordereau?

Henry. — Il n'y avait pas de bordereau, mais un dossier où étaient concentrées les pièces sans importance.

Le ministre. — Ce que vous dites n'est pas possible. Il y a une preuve matérielle que certains morceaux ont été interchangés. Comment l'expliquez-vous ?

Henry. — Comment j'explique le fait? Mais s'il existe c'est que j'aurai fait moi-même l'intercalation. Je ne peux pourtant pas dire que j'ai fabriqué une pièce que je n'ai pas fabriquée ! Il aurait aussi fallu fabriquer l'enveloppe. Comment cela a-t-il pu se produire ?

Le ministre. — Le fait de l'intercalation est certain.

Henry. — J'ai reconstitué les papiers tels que je les ai reçus.

Le ministre. — Je vous rappelle que rien n'est plus grave pour vous que l'absence de toute explication. Dites-nous ce qui s'est passé. Qu'avez-vous fait ?

Henry. — Que voulez-vous que je vous dise?

Le ministre. — Que vous donniez une explication.

Henry. — Je ne peux pas.

Le ministre. — Le fait est certain; pesez bien les conséquences de ma question.

Henry. — Que voulez-vous que je vous dise?

Le ministre. — Ce que vous avez fait.

Henry. — Je n'ai pas fabriqué les papiers.

Le ministre. — Allons, voyons, vous avez mis des morceaux de l'une dans l'autre?

Henry, *après un moment d'hésitation*. — Eh bien, oui, parce que les deux choses s'adaptaient parfaitement. J'ai été amené à ceci : J'ai reçu la première pièce au mois de juin 1894, je l'ai reconstituée à ce moment. Lorsque la première pièce de 1896 est arrivée, il y avait quelques mots que je ne comprenais pas bien. J'ai pris quelques découpures de la première pièce pour les mettre dans la seconde.

Le ministre. — Vous avez fabriqué la pièce de 1896?

Henry. — Non, je ne l'ai pas fabriquée.

Le ministre. — Qu'avez-vous fait?

Henry. — J'ai ajouté quelques mots à la pièce de 1896 qui étaient dans l'autre. J'ai arrangé des phrases : « Il faut pas que on sache jamais », mais la première phrase était exacte, le nom de Dreyfus y était très bien.

Le ministre. — Vous ne me dites pas la vérité.

Henry. — Je vous la dis; il n'y a eu que ces phrases de la fin que j'ai arrangées.

Le ministre. — Ce n'est pas vous qui avez eu l'idée de ces arrangements?

Henry. — Personne ne m'en a jamais parlé. Je l'ai fait pour donner plus de poids à la pièce.

Le ministre. — Vous ne me dites pas tout. Vous avez fabriqué la phrase entière?

Henry. — Je n'ai rien fabriqué. Le nom de Dreyfus était bien dans la pièce de 1896; je n'ai pas pu le prendre dans celle de 1894, puisqu'il n'y était pas. Je n'ai pas eu trois pièces à ma disposition, je n'en ai jamais eu que deux. Je vous jure que c'est comme cela que cela s'est passé.

Le ministre. — Votre explication est contraire à la matérialité des faits; dites-moi tout.

Henry. — Je vous dis tout; j'ai ajouté seulement cette phrase.

Le ministre. — Alors voilà votre explication : Vous avez fabriqué la phrase finale : Il faut pas que on sache jamais... » ?

Henry. — Je ne peux pas dire que j'ai fait la phrase. Quand j'ai trouvé le papier de 1896 j'ai été très ému. Il y avait : « J'ai vu qu'un député va interpeller sur Dreyfus... » Alors, à partir d'une certaine phrase, je ne retrouvais plus la suite; j'ai repris dans la pièce de 1894 quelques mots qui complétaient le sens.

Le ministre. — Ce n'est pas vrai : vous avez fabriqué la pièce.

Henry. — Je vous jure que non. J'ai ajouté la phrase, mais je n'ai pas fabriqué la pièce.

Le ministre. — Ce que vous dites n'est pas possible. Avouez donc toute la vérité!

Henry. — J'ai pris une partie dans la pièce de 1894

et j'ai fait quelques mots, les mots de la fin : « Il faut pas que on sache jamais. »

Le ministre. — Pourquoi avez-vous fabriqué ces mots?

Henry. — Pour donner plus de poids à la pièce.

Le ministre. — Quels sont les mots que vous avez fabriqués?

Henry. — Je ne me rappelle plus. J'ai décollé une partie de la pièce de 1894, pas la pièce entière. Il est possible que j'ai mis des mots d'une pièce dans l'autre. J'ai fabriqué une partie de la dernière phrase.

Le ministre. — Vous avez fabriqué la pièce entière.

Henry. — Je vous jure que non.

Le ministre. — Vous avez fait la deuxième pièce en vous inspirant de la première.

Henry. — Je vous jure que non. Les autres pièces que nous avons eues à cette époque prouvent bien l'authenticité de la lettre qui a suivi : « C'est fâcheux que nous n'ayons pas eu la fin de la lettre de... » ; ici le nom d'un officier étranger.

Je jure que le commencement de la lettre au crayon bleu est bien authentique.

Le ministre. — Le commencement a été inventé aussi. Mais dites donc toute la vérité !

Henry. — Non, je n'ai mis que la dernière phrase « Il faut pas, etc. » Je l'ai écrite sans décalquer.

Le ministre. — Allons, voyons, puisque les pièces parlent d'elles-mêmes, allons, avouez!

Henry. — Il y a des mots dans le corps de la lettre qui viennent de l'autre, mais le commencement de la lettre est de l'écriture même de... Ici le nom d'un officier étranger.

Le ministre. — Qu'est-ce qui vous a donné l'idée...

Henry. — Mes chefs étaient très inquiets, je voulais les calmer, je voulais faire renaître la tranquillité dans les esprits. Je me suis dit : Ajoutons une phrase ; si nous avions une guerre dans la situation où nous sommes...

Le ministre. — C'est cette idée qui vous a amené à fabriquer la lettre?

Henry. — Je ne l'ai pas fabriquée. Comment aurais-je imité une signature comme celle-là? C'est le commencement qui m'a donné l'idée de faire la fin.

Le ministre. — « Il faut que on sache jamais personne. » C'est de vous ce langage?

Henry. — Oui, parce que je savais comment il écrivait.

Le ministre. — Vous n'avez pas daté en 1894 la pièce qui portait cette date?

Henry. — Si, je l'ai datée en 1894, je ne crois pas l'avoir datée après. J'ai cru l'avoir datée en 1894, je pense, je ne m'en souviens pas.

Le ministre. — Vous avez été seul à faire cela?

Henry. — Oui, Gribelin n'en a rien su.

Le ministre. — Personne n'a su cela, personne au monde?

Henry. — Je l'ai fait dans l'intérêt de mon pays. J'ai eu tort.

Le ministre. — Allons, dites la vérité, toute la vérité; racontez-moi ce qui s'est passé.

HENRY. — Je jure que j'avais le commencement. J'ai ajouté la fin pour donner plus de poids.

LE MINISTRE. — La pièce de 1896 était-elle signée?

HENRY. — Je ne pense pas avoir fait la signature.

LE MINISTRE. — Et les enveloppes?

HENRY. — Je jure que je n'ai pas fait les enveloppes. Comment aurais-pu?

LE MINISTRE. — C'est bien invraisemblable que vous ayez ajouté seulement la phrase de la fin.

HENRY. — Je le jure. C'est le commencement qui m'en a donné l'idée et après on a été tranquillisé.

A ce moment l'interrogatoire paraît terminé, car le lieutenant-colonel Henry est invité à se retirer, quand le ministre se ravisant, le rappelle et poursuit comme il suit :

LE MINISTRE. — Voyons. L'une des pièces est quadrillée en violet pâle, l'autre en gris bleu, ce qui permet de voir qu'il y a eu des morceaux recollés ; mais votre explication n'est pas possible ; les intercalations ne correspondent pas à ce que vous dites.

HENRY. — Quels sont les morceaux qui auraient été intercalés ?

LE MINISTRE. — Je ne vous demande pas de me poser des questions ; je vous demande de me répondre. Vous avez fabriqué toute la lettre.

HENRY. — Je jure que je n'ai pas fabriqué la lettre : il aurait fallu avoir les noms qui sont dans celle de 1896. Pourquoi aurais-je pris une partie de la pièce de 1894 pour la mettre dans l'autre ?

LE MINISTRE. — Vous ne voulez pas dire la vérité?

Henry. — Je ne peux pas dire autre chose, je ne peux pas vous dire que je l'ai écrite en entier : la première, je l'ai trouvée ; la seconde, je l'ai intercalée, je n'ai ajouté que la fin.

Le ministre. — Tout ce que vous avez pu recevoir c'est l'en-tête et la signature.

Henry. — J'ai reçu la première partie.

Le ministre. — Ou vous n'avez rien reçu du tout.

Henry. — J'ai eu la première partie, l'en-tête et la signature.

Le ministre. — Ce n'est pas possible. Vous aggravez encore votre situation par ces réticences.

Henry. — J'ai agi pour le bien du pays.

Le ministre. — Ce n'est pas ce que je vous demande. Ce que vous avez fait était pris sur les documents eux-mêmes. Dites tout.

Henry. — Je ne peux pas dire une chose que je n'ai pas faite. Quand j'ai eu la première partie...

Le ministre. — Ce n'est pas possible, je vous répète que c'est écrit sur la pièce. Vous ferez mieux de tout dire.

Henry. — Alors vous êtes convaincu que c'est moi ?

Le ministre. — Dites ce qui est. Vous avez reçu l'enveloppe et l'en-tête ?

Henry. — Oui, j'ai reçu l'enveloppe et l'en-tête.

Le ministre. — Qu'y avait-il, rien que : « Mon cher ami » ?

Henry. — Je vous l'ai dit : La première partie...

Le ministre. — Il n'y avait rien que : « Mon cher

ami. » Vous vous mettez, je le répète, dans la plus mauvaise situation.

Henry, *de plus en plus troublé et hésitant.* — Voici ce qui est arrivé : j'ai reçu l'en-tête et quelques mots.

Le ministre. — Quels mots ?

Henry. — D'autres choses qui n'avaient pas trait à l'affaire.

Le ministre. — Ainsi, voici ce qui est arrivé : vous avez reçu, en 1896, une enveloppe avec une lettre dedans, une lettre insignifiante ; vous avez supprimé la lettre et vous avez fabriqué l'autre.

Henry. — Oui.

Après cet aveu explicite, le lieutenant-colonel Henry est invité à se retirer dans la pièce voisine où il est gardé à vue par le général Roget.

L'heure à laquelle a fini l'interrogatoire n'a pas été consignée ; il pouvait être de 3 heures 15 à 3 heures 30.

Dans les conversations, le lieutenant-colonel Henry s'est montré préoccupé de ce que l'on allait faire de lui. Il a déclaré, à plusieurs reprises, qu'il n'avait pas eu de complices et que personne au monde ne savait ce qu'il avait fait.

Le lendemain, il est trouvé mort dans sa cellule, au Mont-Valérien. Il n'est pas fait d'enquête ni d'autopsie.

LETTRE DU COLONEL PICQUART
EN RÉPONSE A UNE DEMANDE DU GARDE DES SCEAUX

15 septembre 1898.

... Quand le colonel Sandherr m'a parlé de ce dossier en juillet 1895, il m'a dit : « Le petit dossier qui a été communiqué aux juges du Conseil de guerre est dans l'armoire de fer. Quand je l'ai demandé à Gribelin, je lui ai dit : « Donnez-moi le dossier qui a été communiqué aux juges du Conseil de guerre et qui est dans l'armoire du colonel Henry. Il m'a remis immédiatement, et dans une enveloppe spéciale, les quatre pièces avec le commentaire.

Quand j'ai montré ce dernier au général de Boisdeffre, il l'a parfaitement reconnu et a demandé *pourquoi il n'avait pas été brûlé, comme il avait été convenu*. Le général Gonse l'a également vu entre mes mains et nous en avons parlé comme du dossier communiqué aux juges en chambre du Conseil.

2° Par qui a été faite la communication ? Je ne suis pas entièrement fixé sur la personne qui a remis le dossier au président du Conseil de guerre. Ce peut être moi, ce peut être du Paty. Cette hésitation peut paraître étrange ; elle est cependant naturelle, parce que j'ai eu plusieurs communications à faire et *qu'à ce moment je ne connaissais pas l'aspect extérieur du dossier en question.*

Où a été faite la communication ? Dans le bureau du Conseil de guerre, à Paris, et il a été ouvert en chambre du Conseil... »

CHAMBRE DES DÉPUTÉS.

Séance du 12 décembre 1898 :

M. PASCHAL GROUSSET, citant un article de l'*Intran-*

sigeant. — Je continue ma lecture : « Certains de nos confrères ont vu là une intervention de Guillaume II... »

M. CHARLES DUPUY, *président du Conseil, ministre de l'Intérieur et des Cultes.* — Monsieur le président, je ne conteste pas que l'orateur soit libre de sa discussion, mais je remplis mon devoir de chef du gouvernement en protestant avec la dernière énergie... (*Applaudissements sur un grand nombre de bancs.*) contre un langage dont l'orateur n'a pas mesuré la portée. (*Nouveaux applaudissements.*)

M. PASCHAL GROUSSET. — Je suis bien à l'aise pour répondre à monsieur le président du conseil.,.

VOIX *à droite*. — Au voix ! à la question !...

M. LE PRÉSIDENT. — Voulez-vous me permettre, messieurs, de vous relire le texte même de la demande d'interpellation ? Je rappellerai ensuite M. Paschal Grousset à la question, s'il y a lieu. Voici ce texte : « Je demande à interpeller le gouvernement sur les menées antinationales de certains fonctionnaires et ci-devant fonctionnaires du département de la guerre. » Je prie maintenant M. Paschal Grousset de continuer, en restant dans le sujet...

M. PASCHAL GROUSSET. — Il me serait bien facile de répondre à M. le président du Conseil par un incident diplomatique autrement grave encore que ceux de ces derniers jours, auxquels il fut personnellement mêlé et dans lequel, il faut bien le dire, il avait la plus lourde responsabilité.

M. CHARLES DUPUY. — J'AI SU LA PRENDRE.

M. Paschal Grousset. — Je n'aborde pas ce terrain, je me le suis interdit en vous disant que je n'apporterai ici que des citations...

CHAMBRE DES DÉPUTÉS

Séance du 19 décembre 1898.

M. de Freycinet, ministre de la guerre. — On m'adresse une question à laquelle je ne fais nulle difficulté de répondre. « Dans quelles mesures, me dit-on, communiquerez-vous les documents secrets à la Cour de cassation... Je l'ai déjà indiqué, d'un mot, dans une précédente séance. J'ai dit que je communiquerai à la Cour de cassation tous les documents qui sont en mon pouvoir, dans la limite des intérêts de la Défense nationale. (*Mouvement.*)

A droite. — C'est vague.

Un membre au centre. — Si on ne donne rien à la Cour de cassation, comment pourra-t-elle se faire une opinion?

M. le ministre de la guerre. — J'entends par là que je ne communiquerai pas à la Cour de cassation un document dont la publication pourrait intéresser la sécurité de l'État.

M. Firmin Faure. — Et si cette pièce est nécessaire pour prouver la culpabilité du traître?

M. le ministre de la guerre. — Et s'il y a dans cette Chambre une majorité qui pense que le ministre de la guerre peut avoir une autre conduite, elle n'a qu'à le dire : je céderai la place au ministre de la guerre qui se croirait, lui, en état d'agir ainsi. (*Très bien ! très bien !*)

M. Fernand de Ramel. — On ne révise pas quand on ne peut pas communiquer les documents ! (*Très bien ! très bien ! à droite.*)

M. le ministre de la guerre. — Je n'ai pas à m'occuper des conditions dans lesquelles la Cour de Cassation croit devoir poursuivre son enquête.

M. Charles Bernard. — Son procès !

M. Firmin Faure. — Nous avons l'aveu de M. de Freycinet ! (*Bruit.*)

M. le président. — Je prie la Chambre de calmer son émotion.

M. Firmin Faure. — La Chambre vient d'acquérir la preuve de la culpabilité du traître.

M. le ministre de la guerre. — Au milieu de ces interruptions, il est très difficile à l'orateur de savoir à quelle pensée il doit répondre ; à quelles préoccupations de la Chambre il doit s'adresser. J'ai entendu les mots « sans pièces ! » prononcés ironiquement, comme pour dire que j'avais l'air d'apporter à cette tribune la théorie d'une révision qui serait privée systématiquement de documents...

M. de Montfort. — Voici ce qu'on peut dire... Si la pièce décisive n'est pas communiquée, — et avec raison — comment la Cour de Cassation pourra-t-elle juger ? (*Bruit.*)

M. le ministre de la guerre. — Je réponds à ceux qui m'interrompent que les pièces officielles qui constituent ce dossier judiciaire sont depuis longtemps entre les mains de la Cour de Cassation. Le ministre qui vous parle ne les connaît même pas, ne les a jamais vues. Le dossier a été remis à la Cour de Cassation avant mon arrivée au ministère de la guerre. Il n'y a qu'une seule chose qui soit en ma possession : c'est ce qu'on a appelé le dossier secret... Il y a, sur ce dossier secret, des pièces qui, dans ma pensée, peuvent intéresser la sûreté de l'État. Quoi qu'on dise, quoi qu'on fasse, je ne le livrerai que dans des conditions où je serai sûr qu'elles ne seront pas livrées à la publicité. (*Vifs applaudissements au centre, à droite et sur divers bancs à gauche.*)

M. CHARLES DUPUY, PRÉSIDENT DU CONSEIL. — Très bien ! très bien !

M. LAZIES. — Je ne dirai qu'un mot en réponse à M. le ministre de la guerre : c'est que la révision, telle qu'elle se pratique, n'est qu'une comédie, parce qu'elle est impossible.

Je suis heureux que M. le ministre de la guerre, très franchement, très loyalement, soit venu affirmer à cette tribune qu'il y avait réellement un dossier secret intéressant la sûreté de l'État et qu'il ne le livrerait qu'à bon escient.

Je prends acte de cette déclaration. J'ajoute que si, dans ce dossier, il y a la preuve évidente et palpable de la culpabilité de Dreyfus (*Interruption à l'extrême gauche*), et qu'on ne puisse le communiquer, M. le ministre de la guerre a raison de ne pas vouloir le communiquer dans les conditions actuelles. Mais je prétends qu'ainsi engagée, la révision n'est qu'une comédie !

M. DELCASSÉ SUR LE DOSSIER SECRET

(Chambre des députés, séance du 20 janvier 1899.)

M. JULES-LOUIS BRETON. — Il y a ceci de particulièrement remarquable, c'est que ce sont ceux-là mêmes qui ont parlé d'abord d'un dossier ultra-secret, d'un dossier diplomatique, qui en nient maintenant le plus vivement l'existence. Ce sont, en effet, les ennemis de la revision qui se sont servis de ce dossier pour combattre la revision et qui l'ont jeté dans la polémique... Je citerai entre autres les journaux l'*Intransigeant*, la *Libre Parole*, la *Croix*... Ils contiennent l'affirmation de l'existence de la fameuse lettre en question... Eh bien, monsieur le président du conseil, si vous êtes certain que ce document dont il est question n'a jamais existé, c'est votre devoir de venir ici l'affirmer sans aucune ambiguïté, afin qu'il soit matériellement impossible plus tard, quand la Cour de Cassation aura rendu son arrêt, qu'on exhume encore ce document et qu'on s'en serve pour créer une nouvelle agitation dans le pays... Si, au contraire, ce dossier a existé, il ne peut évidemment avoir disparu sans laisser aucune trace de son passage dans les divers ministères où il séjourna; et alors, vous devez faire une enquête sérieuse et complète, qui vous fasse connaître comment ce dossier a été créé, quelles en étaient les pièces et surtout comment il disparut. Vous devez communiquer intégralement le résultat de cette enquête à la Cour de Cassation. C'est un élément indispensable de la vérité.

Ce qui est en effet entendu, ce que je crois pouvoir affirmer, c'est que réellement ce dossier contenant la lettre en question a parfaitement existé... Si vous voulez vous en convaincre, monsieur le président du conseil, vous n'avez qu'à interroger deux personnes, MM. de Boisdeffre et Hanotaux, et certainement elles vous donneront la clé de l'affaire... Lorsque, en effet, la revision fut engagée, les coupables qui avaient fabriqué de toutes pièces ces documents, — car il n'y a là, bien entendu, que des pièces fausses comme on en retrouve partout dans cette affaire, — ces faussaires, dis-je, une fois la revision engagée, ayant peur de leur œuvre, ont fait disparaître les traces de leur crime, pensant échapper ainsi à leur juste punition...

M. DELCASSÉ, *ministre des affaires étrangères*. — Ma réponse sera très brève. La Chambre criminelle de la Cour de Cassation ayant réclamé le témoignage d'un de mes fonctionnaires, j'ai autorisé ce fonctionnaire à se rendre devant elle, à déposer, à dire tout ce qu'il savait, et en ce moment même il montre à la Chambre criminelle l'ensemble des pièces sur lesquelles il a fondé sa déposition et qu'il a plu à certains d'appeler le dossier ultra-secret ou le dossier diplomatique.

On nous a demandé : « Parmi ces pièces, y a-t-il des lettres écrites par le condamné à un souverain étranger ? » Je réponds nettement : Non, et il n'y en a jamais eu, à la connaissance des agents qui sont au ministère des affaires étrangères depuis plus de dix ans.

On a demandé ensuite : « Y a-t-il une lettre ou des lettres écrites au condamné par un souverain étranger?... » Il me paraît bien que l'honorable M. Breton ne croit pas, — et qui pourrait y croire? — à l'authenticité de ces lettres...

M. Eug. Fournière. — Permettez, monsieur le ministre des affaires étrangères : il y a une troisième manière de poser la question... (*Exclamations au centre.*) Messieurs, c'est une question de bonne foi. (*Bruit à droite.*) C'est ainsi que M. Breton l'avait posée et elle a pu échapper à M. le ministre : « Un souverain étranger a-t-il écrit au sujet ou à propos du condamné? »

M. le ministre. — Il me paraît, messieurs, qu'on ne croit pas, qu'on ne peut pas croire à l'authenticité de pareils documents...

A l'extrême-gauche. — Personne n'y croit !

M. le ministre. — On voudrait établir qu'ils ont été fabriqués...

A gauche. — Parfaitement.

M. le ministre. — Le ministre des affaires étrangères n'est pas en état de seconder ces efforts. J'ignore absolument et l'on ignore absolument au ministère des affaires étrangères si des lettres semblables ont été fabriquées ; mais il est bien certain que, même dans ce cas, le fabricant se serait bien gardé de les apporter au quai d'Orsay ; car si grande qu'on puisse supposer la naïveté des diplomates, elle n'irait pas jusqu'à accepter ou apprécier pareille marchandise.

M. J.-Louis Breton. — La réponse n'est pas flatteuse pour M. Hanotaux ! (*Bruit.*)

LISTE DES FAUX DE L'ÉTAT-MAJOR ACTUELLEMENT CONNUS.

(15 janvier 1899.)

1° Falsifications et retouches au bordereau d'Esterhazy soustrait à l'ambassade allemande; introduction de chiffres et syllabes empruntés à l'écriture d'Alfred Dreyfus,

2° Fausse lettre de l'empereur allemand à son ambassadeur. Fausses lettres de Dreyfus à l'empereur allemand.

3° Trois lettres fausses de Schwarzkoppen et Panizzardi, fabriquées par Henry.

4° Fausse photographie représentant Picquart en conversation avec Schwarzkoppen dans un jardin à Carlsruhe.

5° Trois lettres ou dépêches fausses fabriquées contre Picquart (faux Speranza).

6° Document dit « ce canaille de D... » Altération de la date.

7° Retouches au « petit bleu » accusées par la photographie du document prise à son entrée.

8° Dépêche italienne interceptée. Fausse traduction de l'état-major contredite par la traduction du ministère des affaires étrangères.

9° Lettre à encre sympathique adressée au ministère des colonies.

Au total, VINGT pièces fausses ou falsifiées.

FIN

TABLE DES MATIÈRES

Lettre de M. Paschal Grousset au Procureur général près la Cour de Cassation : 5
La nuit historique de M. Poincaré. 8
La démission de M. Casimir-Périer 11
Le bordereau judiciaire est un faux 14
La fausse lettre de Guillaume II 17
En 1897 19

ANNEXES

Première dénégation officieuse. 21
Réponse de M. Paschal Grousset. 21
Au conseil des ministres. 24
Deuxième dénégation officieuse 26
Question ouverte 28
Des explications sont nécessaires. 29
Fragment de l'interrogatoire de Dreyfus. 32
Indiscrétions de l'État-major, contemporaines du procès Dreyfus : 33
Libre Parole du 5 décembre 1894 33

TABLE DES MATIÈRES

Libre Parole des 7, 8, 10, 11, 13, 15 décembre 1894. 34
L'Autorité du 15 décembre 1894. 37
Révélations de l'État-major en 1897 38
Divulgations de M. Henry Rochefort après la visite du commandant Pauffin de Saint-Morel 42
Version de M. Millevoye 47
Le dossier ultra-secret : Déposition d'Henry. 48
Le faux Henry : 50
Déposition du colonel Picquart. 50
Déclaration officielle de M. Cavaignac 53
Aveu du faussaire 55
Mort subite du faussaire. — Pas d'autopsie. 64
Le dossier secret, déclaration du colonel Picquart . . . 64
La nuit historique : aveu de M. Charles Dupuy 65
M. de Freycinet sur le dossier secret 67
M. Delcassé sur le dossier secret. 70
Liste des faux de l'État-major actuellement connus (janvier 1899) 73

ÉMILE COLIN — IMPRIMERIE DE LAGNY

www.ingramcontent.com/pod-product-compliance
Lightning Source LLC
LaVergne TN
LVHW021005090426
835512LV00009B/2094